거짓말은 이제 그만!
역사 왜곡을 파고파고

엠앤키즈 파고파고 시리즈 03

거짓말은 이제 그만!
역사 왜곡을 파고파고

초판 1쇄 인쇄 2024년 5월 8일
초판 1쇄 발행 2024년 5월 14일

글 이현정·김지아
그림 류준문

펴낸곳 M&K
펴낸이 구모니카
편집 문연정
디자인 난나
마케팅 신진섭
등록 제7-292호 2005년 1월 13일
주소 경기도 고양시 일산서구 고양대로 255번길 45, 903동 1503호(대화동, 대화마을)
전화 02-323-4610
팩스 0303-3130-4610
E-mail sjs4948@hanmail.net
Tistory https://mnkids.tistory.com

ISBN 979-11-91527-85-8
　　　979-11-91527-61-2(세트)

※ 값은 뒤표지에 있습니다. 잘못된 책은 바꾸어 드립니다.

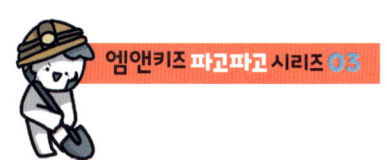
엠앤키즈 파고파고 시리즈 03

거짓말은 이제 그만!
역사 왜곡을 파고파고

글 **이현정·김지아** | 그림 **류준문**

엠앤키즈

차례

✦ **들어가는 이야기** ● 10

✦ **우리 음식 이야기**
김치 없인 못 살아! ● 16
고기 짝꿍 쌈 ● 22
K-보양식, 삼계탕 ● 26

✦ **우리 의복 이야기**
조선 시대 패션 완성템, 갓 ● 34
우리의 자랑 한복 ● 38

✦ **우리 예술과 스포츠 이야기**
세계로 뻗어 나간 태권도 ● 48
민족의 노래, 아리랑 ● 54
우리의 판소리를 찾아서 ● 58
손기정이 아니라 손 기테이? ● 62

✦ 우리 역사 이야기
자랑스러운 역사의 시작, 고조선 ● 70
주몽의 고구려, 대조영의 발해 ● 74
일본에 강제로 끌려간 조선 사람들 ● 80
<요코 이야기>의 진실 ● 86
대한 독립 만세! ● 90

✦ 우리 영토 이야기
만리장성이 더 길어졌다고? ● 98
독도는 우리 땅! ● 102
동해라고 불러 주세요 ● 108
기억해야 할 땅, 간도 ● 112

✦ 끝맺는 이야기 ● 120

들어가는 이야기

　우리나라 학생들은 초등학교 5학년 2학기 때부터 우리나라 역사를 배웁니다. '우리는 왜 지나간 이야기인 역사를 배울까요?' 이 질문은 실제로 선생님이 역사 수업을 앞두고 5학년 학생에게 받았던 질문이기도 합니다.

　여기에 선생님은 '현명하게 더 나은 현재와 미래를 살기 위해서'라고 대답했어요. 지나간 역사를 통해 우리는 같은 실수를 반복하지 않고 지금의 우리나라를 이루어 낸 분들께 감사하는 마음으로 열심히 살 수 있어요. 그래서 우리는 '제대로 된 역사'를 알고 지켜야 해요.

　역사를 지킨다. 이 말이 조금은 이상하게 들리지요? 그런데 지금 우리는 우리의 역사를 지켜야 하는 상황에 놓여 있어요. '왜곡'이라는 말을 들어 본 적 있나요? 국어사전을 찾아보면 왜곡은 '사실과 다르게 해석하거나 그릇되게 함.'이라고 나와 있어요. 우리는 이 왜곡으로부터 우리의 역사를 지켜 내야 한답니다. 도대체 누가 왜 우리의 역사를 왜곡하는 걸까요?

  원래 다툼도 가까이 지내는 친구들 사이에서 일어나는 것, 모두 경험해 보아서 알고 있지요? 나라 사이도 마찬가지예요.

  우리와 가까이 있는 중국과 일본은 옛날부터 사이좋게 지내기도 하고 다투기도 했어요. 그리고 지금은 중국과 일본이 지나간 우리의 역사를 왜곡하고 있어요. 예를 들어 우리나라 조상을 자기네 조상이라고 하거나, 우리나라 음식이 원래 자기 나라 음식이었다고 하거나, 우리 땅이 자기 땅이라고 하는 이런 주장들을 하면서요.

  어때요, 이제는 우리 역사를 지켜야 한다는 말에 고개가 끄덕여지나요? 이 책을 읽다 보면 여러분은 점점 더 고개를 끄덕이게 될 거예요. 또 화가 나기도 할 거예요. 그런데 화를 낸다고 문제가 해결되는 것은 아니에요. 그래서 선생님이 여러분이 할 수 있는 일들을 하나씩 알려 줄 거예요.

  '시작이 반이다.'라는 말처럼 이 책을 읽기 시작한 여러분은 이미 우리 역사를 지키기 시작했어요. 지금부터 선생님의 이야기를 들으며 우리의 역사를 제대로 알아보고, 역사를 지키기 위해 여러분이 할 수 있는 일들을 찾아봅시다. 준비됐나요?

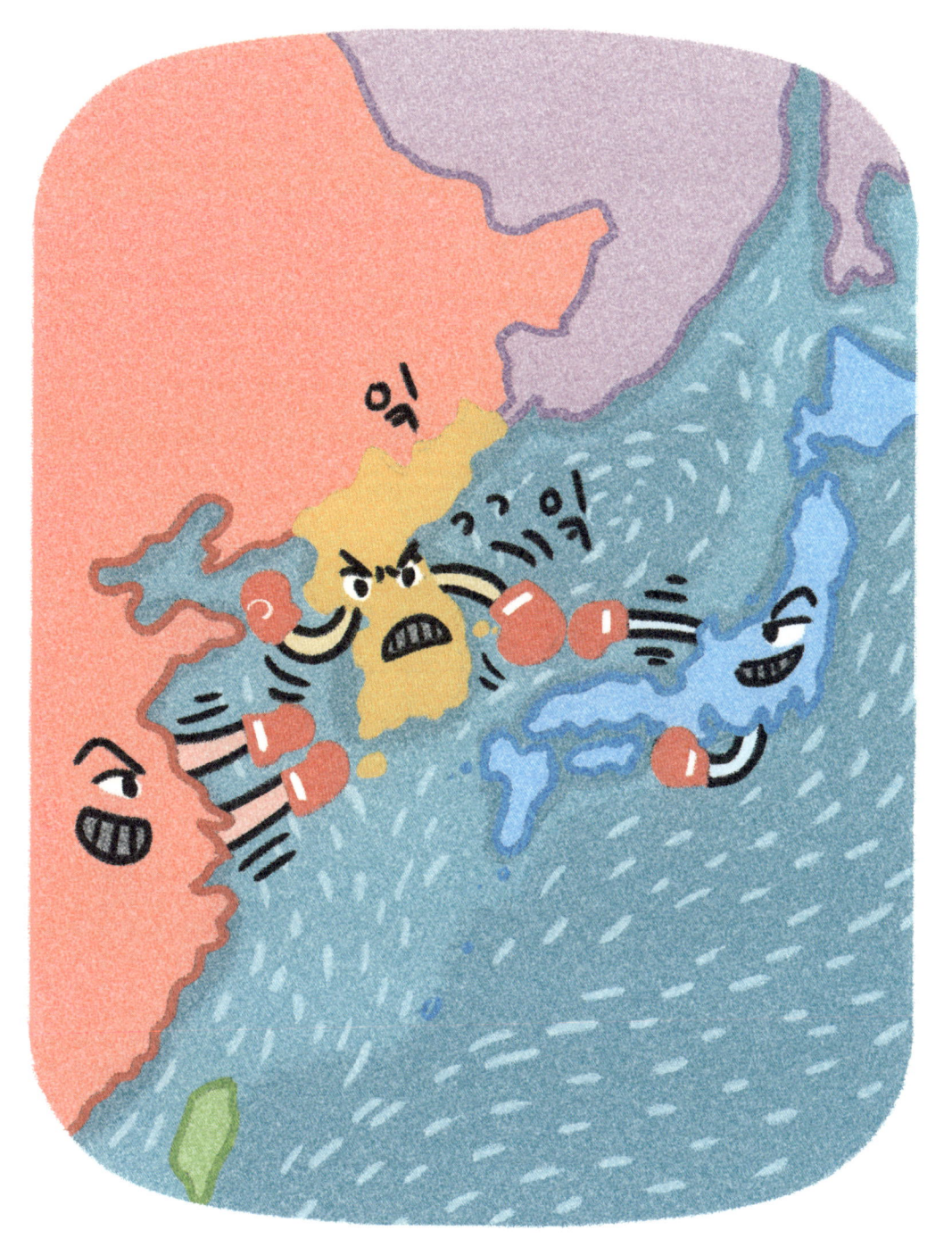

우리 음식 이야기
김치 없인 못 살아!

우리가 매일 먹는 음식 중에 가장 많이 나오는 반찬은 무엇일까요? 힌트를 줄게요. 배추, 총각, 파, 열무, 오이……. 한 가지 음식이 떠오르지요? 바로 우리나라의 대표적인 음식인 김치예요. 첫 이야기의 주인공은 김치랍니다.

여러분은 김치를 좋아하나요? 맛있어서 좋아하는 친구들도 있고, 매워서 싫어하는 친구들도 있어요. 그런데 김치를 좋아하는 친구들도, 싫어하는 친구들도 모두 김치가 우리나라 음식이라는 사실을 잘 알고 있어요.

우리나라에서는 소금에 절인 배추나 무 등을 고춧가루, 파, 마늘 같은 양념에 버무린 뒤 발효시킨 음식을 '김치'라고 불러요. 김치는 다양한 재료로 만들어져서 맛과 식감이 좋을 뿐만 아니라 영양적으로도 훌륭한 음식이에요. 다른 나라에서도 김치는 건강에 좋은 음식으로 인정받고 있어요. 미국의 한 잡지에서는 세계 5대 건강식품 중 하나로 김치를 뽑기도 했답니다.

배추김치

정말 자랑스럽지요? 선생님은 처음 이 사실을 알았을 때 뿌듯하고 자랑스러웠어요. 그런데 요즘은 걱정스러운 마음이 더 크답니다. 왜냐하면 다른 나라에서 김치가 자기 나라 음식이라 말하고 있기 때문이에요. 그게 무슨 말이냐고요?

기무치(キムチ)는 일본어로 김치를 가리키는 말이에요. 지금으로부터 약 30년 전 일본은 국제 식품 규격 위원회에 기무치를 국제 표준으로 등록하려고 했어요. 이는 김치를 일본의 고유 음식으로 만들어 세계에서 인정을 받으려고 한 거예요.

다행히 위원회에서 '절인 배추에 고춧가루 등 양념을 섞어 저온에서 발효시킨' 한국의 김치를 국제 표준으로 결정하면서 싸움이 끝났어요. 지금은 일본에서도 김치가 한국 음식이라는 사실이 잘 알려져 있다고 해요.

그런데 최근 김치를 둘러싸고 큰 논쟁이 벌어졌어요. 이번에는 김치가 중국의 파오차이(泡菜)의 한 종류라는 주장 때문이에요. 파오차이가 뭐냐고요? 파오차이는 배추 등 채소를 소금에 절인 중국 음식으로 피클과 비슷해요.

선생님이 김치와 파오차이의 차이를 간단하게 설명해 줄게요. 파오차이는 채소를 소금물에 절인 음식이지만, 김치는 채소를 절이고 고춧가루와 젓갈로 양념한 뒤 자연적으로 발효시킨 음식이에요. 한마디로 파오차이는 김치와 전혀 다른 음식이랍니다. 나라마다 다양한 채소 절임 음식이 있지만 자연 발효는 김치가 가진 특별함이에요.

세상에는 비슷한 음식이 많지만 비슷하다고 해서 다른 나라의 음식을 자기 나라 음식이라고 할 수는 없어요. 그런데도 중국은 정확한 근거도 없이 김치가 중국의 고유 음식이라고 주장하고 있어요. 심지어 파오차이가 원조이고, 김치는 파오차이를 베낀 것이라고 말하지요. 단지 채소를 절인 음식이라는 공통점 하나만으로요.

• 파오차이

배추 절이기

김치를 담그고 나누는 김장 문화는 유네스코 인류 무형 문화 유산으로 등재될 만큼 가치가 있어요. 일본의 기무치나 중국의 파오차이와는 다른 특별한 음식 문화로 세계에서 인정한 것이지요. 훌륭한 우리의 김치를 자기 나라 음식이라고 주장하는 것은 곧 우리 문화를 왜곡하는 거랍니다.

김칫독

절인 배추 사이에 소 넣기

우리 음식 이야기
고기 짝꿍 쌈

  여러분이 가장 좋아하는 반찬은 뭐예요? 선생님이 이 질문을 하면 많은 친구들이 신나서 '고기 반찬'이라고 대답해요. 여러분도 그런가요?

  삼겹살, 불고기, 족발, 보쌈, 갈비 등 우리나라에는 고기로 만든 음식들이 참 많아요. 고기 먹을 때를 떠올려 보세요. 식탁 가운데에는 불판이나 고기가 담긴 그릇이 있고, 그 옆에는 밑반찬과 파릇파릇한 잎사귀들이 있어요. 맞아요. 지금 할 이야기의 주인공은 잎사귀들, 쌈이랍니다.

  우리는 밥이나 고기, 반찬 등을 상추, 깻잎 등에 싸서 먹는 음식을 '쌈'이라고 불러요. 여러분이 쌈 채소로 떠올리는 상추와 깻잎 외에도 배추, 호박잎, 쑥갓 등 우리나라 사람들은 정말 다양한 잎사귀를 쌈으로 먹어요.

  우리에게 너무나도 당연하고 익숙한 쌈이 다른 나라 사람들에게는 낯선 음식이래요. TV에서 한국 음식을 처음 먹는 외국인들이 쌈을 어떻게 먹어야 할지 몰라 당황하는 모습을 본 적이 있을 거예요. 그래서인지 삼겹살과 쌈은 외국인들이 꼭 먹고 싶은 한국의 대표 음식이에요.

상추쌈

그런데 몇 년 전, 쌈이 중국의 전통 음식 문화라는 주장이 나왔어요. 중국의 한 유튜버가 쌈 문화는 중국 운남 지역의 일반적인 음식 문화라고 말하면서 논란이 시작되었어요. 하지만 이 말은 틀렸어요. 쌈 문화는 엄연히 한국의 고유한 음식 문화랍니다.

이 사실은 중국의 옛 기록만 살펴보아도 바로 알 수 있어요. 과거 원나라, 명나라 때의 기록을 보면 '고려 쌈', '고려의 상추'라는 말이 나와요. 그리고 '고려 사람들은 날채소에 밥을 싸서 먹는다.'는 기록도 있어요. 그러니까 쌈을 싸 먹는 문화가 고려 시대 혹은 그 이전부터 있었다는 거지요.

전 세계에서도 우리나라처럼 생채소로, 더군다나 먹는 사람이 직접 속 재료를 넣어 만들어 먹는 음식 문화는 없다고 해요. 특히 깻잎은 우리나라에서만 먹는다고 할 정도로 다른 나라에서는 잘 먹지 않는 채소예요.

그런데도 중국은 드라마에 상추나 깻잎으로 쌈을 싸 먹는 모습을 보여 주며 마치 쌈이 자기 나라의 전통인 것처럼 행동하고 있어요. 하지만 여러분! 깻잎을 어색하게 바라보거나, 쌈을 호호 불고 베어 먹는 모습을 보면 우리는 알아요. 쌈 문화가 그들에게는 낯선 문화라는 것을요.

물론 '우리 문화니까 우리만 할 거야! 너희는 따라 하지 마!' 이런 이야기가 아니에요. 문화는 자연스럽게 전해지고 또 변화하고 때로는 새롭게 만들어지기도 하니까요. 하지만 그 문화의 뿌리를 부정하고 자신의 것이라고 주장하는 것은 분명히 잘못된 행동이에요.

베어 먹는 게 맞나? 불어서 먹는 거겠지?

중국의 전통 음식 쌈 먹방!

 **중국 전통 TV**
구독자 100만 명

조회수 961,956회 #ChineseCuisine #ChineseFood

우리 음식 이야기
K-보양식, 삼계탕

　자, 지금부터 선생님이 다섯 고개 퀴즈를 내 볼게요. 다섯 고개의 정답이 이번 이야기의 주인공이랍니다.

　첫째, 음식입니다.
　둘째, 보양식입니다.
　셋째, 주로 복날에 먹습니다.
　넷째, 주재료는 닭입니다.
　다섯째, 인삼, 대추, 찹쌀, 마늘 등을 넣습니다.

　정답은 무엇일까요? 딩동댕! 맞아요, 바로 삼계탕이에요. 어린 닭에 인삼, 대추, 찹쌀, 마늘 등을 넣어 푹 고아 만들지요. 여러분이 둘째, 셋째 고개에서 정답을 알아차렸을 정도로 삼계탕은 우리나라의 대표적인 몸보신 음식이에요.
　그런데 삼계탕이 원래 중국 음식이라는 말, 들어 보았나요? 중국의 한 백과사전은 삼계탕이 중국 광둥식 국물 요리로, 한국에 전해졌다고 설명하고 있어요. 그것 말고도 마치 삼계탕이 중국의 전통 음식인 것처럼 중국 책이나 드라마에서도 삼계탕을 소개하고 있어요.

● 삼계탕

하지만 삼계탕은 우리나라에서 시작된 음식이에요. 옛날부터 우리 조상들은 닭 요리를 해 먹었어요. 옛 기록에도 여러 번 나와요.

예전에는 삼계탕에 들어가는 인삼이 워낙 귀했기 때문에 주로 닭과 마늘을 푹 삶은 닭백숙을 주로 먹었어요. 이후 닭을 인삼 가루와 함께 삶았던 것이 점차 인삼을 넣어 삶는 것으로 변했다고 해요. 이때는 삼계탕을 '계삼탕'이라고 불렀어요.

그러다 우리가 아는 지금의 삼계탕이 되었고, 삼계탕은 국민 보양식으로 자리 잡았어요. 외국에서도 삼계탕은 '한국의 치킨 수프'로 불리며 관심을 받고 있어요.

삼계탕이 우리나라 음식이라는 사실은 HS 코드로도 알 수 있어요. HS 코드는 나라 사이에 물건을 사고팔 때 상품을 분류하기 위해 만든 국제적인 분류 코드예요. 어떤 나라가 상품을 다른 나라에 팔려면 HS 코드가 필요한데, 삼계탕은 중국이 아닌 한국 상품으로 분류되어 있어요. 즉 다른 나라에서도 삼계탕을 우리나라 음식으로 인정한다는 뜻이지요.

더운 여름이면 삼계탕을 먹고 힘을 내던 전통이 오늘날에도 이어지고 있어요. 여러분이 우리의 전통 음식을 잘 알아 두어야 먼 훗날에도 우리 음식을 지킬 수 있다는 것, 이제 알겠지요?

더 들려주고 싶은 우리 음식 이야기

　어때요? 선생님의 이야기를 듣고 나니 매일 식탁에서 보던 김치는 물론 쌈, 삼계탕 등을 지켜야겠다는 생각이 들지요?

　그래서 여러 단체들이 우리 음식과 음식 문화를 제대로 알리기 위해 노력하고 있어요. 홍보 영상을 만들기도 하고, 다양한 언어로 홍보물을 만들기도 해요. 최근 한 우리나라 기업은 베트남에서 푸드 트럭으로 김치와 우리나라 음식을 소개하기도 했어요.

　선생님은 우리도 힘을 보탤 수 있다고 말해 주고 싶어요. 지금은 여러분 한 명 한 명이 방송국도 될 수 있고 출판사도 될 수 있어요. 우리나라 음식을 소개하는 영상을 찍거나 블로그와 SNS에 글과 사진을 올리는 것도 생각보다 큰 역할을 하고 있으니까요.

 선생님은 여러분이 그저 안타깝고 화나는 마음으로 이 상황을 지켜보는 사람이 아니라, 적극적인 태도로 우리 음식을 알리기 위해 목소리를 내는 사람이 되길 바라요.

 물론 이 책을 읽으며 우리나라 음식에 대해 제대로 아는 것도 여러분이 할 수 있는 일 중 하나랍니다. 여러분은 이미 첫걸음을 내딛었어요.

우리 의복 이야기
조선 시대 패션 완성템, 갓

　여러분은 갓을 본 적이 있나요? 갓이 뭐냐고요? 조선 시대를 배경으로 한 드라마를 보면 남자 어른들이 머리에 둥글넓적하고 긴 모자를 쓰고 있는데, 그 모자가 바로 갓이에요. 지금부터 선생님이 갓에 대한 이야기를 들려줄게요.

　우리 조상들은 삼국 시대부터 갓을 썼어요. 고구려 때의 무덤인 감신총 벽화에는 갓을 쓴 사람이 활을 쏘는 모습이 그려져 있어요. 또 다른 고구려 벽화나 신라 무덤에서도 갓과 관련된 유물들이 나왔고요. 이런 유물들만 보아도 우리 민족이 아주 오래전부터 갓을 썼다는 것을 알 수 있어요.

　그런데 최근 중국에서 갓 문화가 중국에서 시작되었다는 주장이 나오고 있어요. 한국의 갓은 중국의 갓을 따라 한 것이라는 말과 함께 말이에요. 황당하게도 중국 드라마에 갓이 등장하고, 중국 배우가 중국이 갓의 원조라고 말하면서 논란은 더욱 커졌어요.

갓

34

고려인의 모습

우리나라 사람들은 삼국 시대부터 갓을 썼고, 고려 시대에는 갓을 관리들의 모자로 정하기도 했어요. 12세기에 송나라 화가가 그린 그림에도 갓을 쓴 고려인이 나와요.

하지만 그건 틀린 말이에요. 갓은 분명히 우리나라의 전통 모자예요. 무덤 벽화뿐만 아니라 고려 시대 승려 일연이 쓴 역사책 〈삼국유사〉에도 갓을 썼다는 기록이 있고, 신라와 고려 때 만들어진 불상 중에 갓을 쓴 불상도 여럿 남아 있어요.

우리의 기록과 유물뿐만이 아니에요. 1120년경에 그린 중국의 '청명상하도'에서도 갓을 쓴 고려 상인을 볼 수 있어요. 이것은 무슨 뜻일까요? 바로 우리 조상들이 오래전부터 갓을 써 왔다는 것! 그 뒤 갓은 고려와 조선을 거치며 양반 남자들의 필수품이 되었고, 우리 민족을 대표하는 모자가 되었어요.

우리나라는 중국, 일본 등 이웃 나라와 교류하며 서로 영향을 주고받았어요. 그러기에 우리의 갓과 중국의 모자가 비슷한 것은 자연스러운 현상이지, 중국의 갓을 따라 했다는 주장은 옳지 않아요. 역사는 객관적이고 올바르게 바라보는 것도 중요하다고 말해 주고 싶군요.

관촉사 석조 미륵보살 입상
우리나라에서 가장 큰 불상으로 '은진 미륵'이라고도 해요. 고려 광종 때 만들어졌는데 머리에 갓을 쓰고 있어요.

김홍도 〈씨름〉

조선 시대에 그린 풍속화예요. 갓 쓴 양반, 상투 튼 서민, 머리 딴 아이가 씨름 경기를 구경하고 있어요.

우리 의복 이야기
우리의 자랑 한복

까치 까치 설날은♩♪

이 노래를 들으면 어떤 모습이 떠오르나요? 선생님은 설날에 가족이 한자리에 모여 있는 모습이 떠올라요. 설날에는 음식을 만들어 먹고 윷놀이를 하고 어른들께 세배를 해요.

여기서 퀴즈! 설날이나 추석 등 명절과 같이 특별한 날에 입는 옷은 무엇일까요? 정답은 바로 우리나라의 고유한 옷, 한복이에요.

우리 조상들은 오래전부터 한복을 입었어요. 시대에 따라 조금씩 모습이 달랐지만 우리나라 전통 옷이라는 사실은 변하지 않았지요. 한복은 아름답고 고운 선과 색으로 세계적으로 인정을 받고 있어요. 다른 나라에서는 한복이 우리 민족의 정서를 잘 담고 있다고 말한답니다.

한복 저고리와 치마

그런데 중국은 느닷없이 한복이 중국의 전통 옷인 한푸(漢服)에서 유래되었다는 주장을 했어요. 그러고는 2022년 베이징 동계 올림픽 개막식에 한복을 입은 조선족을 등장시켰지요. 한복이 중국의 소수 민족인 조선족의 옷이라면서요.

정말 한복은 한푸에서 유래되었을까요? 당연히 아니에요. 겉보기에 비슷해 보이지만 한복과 한푸는 뿌리부터 다른 옷이에요. 그리고 모양도 달라요.

한복을 입어 본 경험을 떠올려 보세요. 한복은 상의와 하의가 나누어져

• 2022 베이징 동계 올림픽 개막식

있어요. 여자는 저고리와 치마, 남자는 저고리와 바지를 따로 입어요. 그런데 한푸는 상의와 하의가 하나로 되어 있는 원피스 모양이에요. 이것이 바로 가장 큰 차이점이에요.

우리 조상들은 언제부터 한복을 입었을까요? 가장 오래된 기록은 고구려의 벽화예요. 벽화에는 저고리와 바지를 입은 남자들이 사냥을 하고, 저고리와 치마를 입은 여자들이 춤을 추는 모습이 그려져 있어요. 분명하게 상의와 하의가 나누어져 있는 모습이에요. 그리고 삼국 시대에는 지금과 달리 긴 저고리에 통이 좁은 바지나 주름치마를 입었던 것을 알 수 있어요.

이처럼 우리나라 사람들은 아주 오랫동안 한복을 입었어요. 한복의 모양은 조금씩 바뀌다가 조선 시대부터 지금과 같은 모습이 되었답니다. 오늘날에도 명절, 생일, 결혼식 등 중요한 날에 한복을 입어요. 오랜 시간 동안 우리와 함께한 한복은 누가 뭐래도 우리나라를 대표하는 옷이랍니다.

더 들려주고 싶은 우리 의복 이야기

아름다운 갓과 한복 이야기, 잘 읽어 보았나요? 중국이 우리의 전통 의복을 자기 나라 의복이라고 주장하는 일은 날이 갈수록 심해지고 있어요. 심지어 우리나라 연예인들이 SNS에 한복을 입은 사진을 올리면 중국 누리꾼들은 심한 악플을 달며 공격하기도 해요.

선생님은 우리의 문화를 오래도록 지키고 싶어요. 여러분도 그럴 거예요. 그래서 이런 마음을 가진 사람들이 뜻을 모아 다양한 노력을 하고 있어요. 한복 패션쇼를 열어 한복을 널리 알리기도 하고, 뉴욕에 있는 타임스 스퀘어에 한복 광고를 하기도 해요. 또 유명 가수와 댄서들이 한복을 입고 공연하기도 하지요.

여러분도 할 수 있어요. 여러분이 찍은 사진이나 영상이 누군가에게 올바른 정보를 줄 수 있어요. 지구 반대편에 사는 사람이 그 사진이나 영상을 보고 한국의 문화를 제대로 알게 될 수도 있으니까요. 여러분도 우리의 문화를 올바르게 알리기 위한 노력을 한번 해 보면 어떨까요?

우리 예술과 스포츠 이야기
세계로 뻗어 나간 태권도

　태권도는 손과 발을 사용해 공격과 방어를 하고 몸과 마음을 기르는 운동이에요. 여러분은 태권도를 배운 경험이 있나요? 아마 많은 친구들이 태권도를 해 본 적이 있을 거예요. 태권도는 우리나라 초등학생들이 가장 많이 배우는 운동 중 하나라고 해요.

　여기서 퀴즈! 태권도는 우리나라 전통 무술이니까 우리나라에서만 하는 운동일까요? 당연히 아니에요. 태권도는 우리 고유의 무술이자 세계 여러 나라 사람들이 즐기는 운동이에요. 2000년부터 올림픽 정식 종목이 될 만큼 태권도는 세계에서 인정받은 스포츠랍니다.

　TV에서 태권도 경기를 하는 외국 선수들을 본 적이 있을 거예요. 우리나라의 무술이 세계에 널리 알려지다니, 참 뿌듯한 일이에요.

　그런데 몇 년 전 선생님은 아주 황당한 이야기를 들었어요. 중국의 한 유튜브와 TV 프로그램에서 태권도가 중국에서 유래된 무술이라고 했거든요. 또 영국에서 출판한 한국 여행책에도 이런 내용이 나와 있다는 사실을 알고 큰 충격을 받았어요.

　그렇다면 태권도가 언제부터 시작되었는지 알아야겠지요? 많은 사람들이 고대부터 태권도가 있었다고 말하지만 이 말은 반은 맞고 반은 틀려요. 태권도는 우리나라의 다양한 전통 무술을 발전시켜 탄생한 무술이기 때문이에요.

태권도

태권도에서는 손과 발을 이용해 공격할 수 있어요. 특히 빠르고 강력한 발차기 기술이 태권도의 특징이에요.

전 신윤복 〈대쾌도〉
조선 시대에 우리나라 고유의 놀이를 하는 모습을 그린 그림이에요. 위쪽에서는 씨름을, 아래쪽에서는 택견을 하고 있고, 사람들이 그 모습을 보며 즐기고 있어요.

태권도는 삼국 시대부터 있었어요. 고구려 무덤인 무용총 벽화에는 택견 겨루기 모습이 그려져 있고, 신라에서도 화랑들이 기본 무예로 택견을 배웠다고 해요. 고려 시대에는 '수박희'라고 부르는 무예가 있었는데, 나라에서는 수박희를

올림픽 대회 태권도 경기 모습
태권도는 2000년 시드니 올림픽 대회의 정식 종목이 되면서 세계의 스포츠로 자리 잡았어요.

잘하는 사람에게 벼슬을 내리기도 했어요. 조선 시대에도 수박희가 백성들 사이에서 크게 유행했어요. 이처럼 수박, 수박희, 택견 등 전통 무예가 발달해 태권도가 되었어요.

일제 강점기에 일본은 우리의 민족정신이 담긴 전통 무예를 없애려고 했어요. 하지만 우리 민족은 끝까지 우리의 무예를 지켜 냈어요. 6·25 전쟁 이후 전통 무예를 발전시킨 태권도가 널리 퍼지면서 지금의 태권도가 되었어요. 특히 대한 태권도 협회가 생긴 뒤 태권도는 더 발전해 오늘날과 같은 현대 스포츠로 자리매김했어요. 그러니까 태권도는 오랜 시간 동안 우리 민족과 함께한 운동이라고 할 수 있어요.

이제 태권도가 오랜 역사를 가졌다는 것을 잘 알겠지요? 앞으로 태권도의 유래를 잘못 알고 있는 사람을 만나면 제대로 설명해 주세요. 우리는 용감한 태! 권! 도!의 민족이니까요.

태권도 공연

태권도 공연에서는 격파와 품새 등 태권도의 다양한 모습을 볼 수 있어요.

우리 예술과 스포츠 이야기
민족의 노래, 아리랑

아리랑 아리랑 아라리요
아리랑 고개로 넘어간다.
나를 버리고 가시는 임은
십 리도 못 가서 발병 난다.

여러분도 알고 있는 노래이지요? 그러면 이 노래의 제목은 무엇일까요? 그래요. 우리나라의 대표적인 민요 '아리랑'이에요. 민요는 누가 언제 어떻게 만들었는지 정확히 기록된 노래가 아닌, 옛날부터 입에서 입으로 전해지고 발전해 온 노래를 말해요.

아리랑은 우리나라에 널리 퍼져 있는데 지역마다 노래가 달라요. 그 수가 무려 3,000개가 넘는다고 해요. 수많은 아리랑 중에서 '정선 아리랑', '밀양 아리랑', '진도 아리랑'은 우리나라 3대 아리랑으로 꼽힌답니다.

아리랑 아리랑 아라리요. 아리랑 고개로 나를 넘겨 주오. -정선 아리랑-
날 좀 보소 날 좀 보소 날 좀 보소. -밀양 아리랑-
아리 아리랑 쓰리 쓰리랑 아라리가 났네. -진도 아리랑-

그런데 아리랑이 2008년 베이징 올림픽 개막식에 울려 퍼진 사실, 알고 있나요? 여기서 그치지 않고 중국은 2011년 아리랑을 국가 무형 문화재로 지정하기도 했어요. 다행히 우리나라의 아리랑이 2012년 유네스코 인류 무형 문화 유산으로 등재되면서 한숨을 돌렸지만, 중국은 여전히 아리랑이 중국의 노래인 것처럼 행동하고 있어요. 중국의 한 예능 방송에서 아리랑에 맞춰 부채춤을 추는 모습을 내보냈는데, 이것을 중국 소수 민족의 문화라고 소개했어요.

이쯤 되니 선생님은 겁이 나요. 베이징 올림픽 개막식이나 중국 예능 방송을 본 사람들은 자연스럽게 아리랑이 중국의 노래라고 생각할 테니까요. 아마도 중국은 이런 무서운 속셈을 가지고 있었을 거예요.

'당연히 우리 것인데 우리의 노래라고 증명할 필요가 있어?' 또는 '그냥 무시하면 되는 거 아니야?' 하는 생각은 하지 않았으면 해요. 왜곡 문제를 해결하는 방법은 관심과 올바른 정보에서 시작되니까요. 무엇이 우리의 것이고 우리에게 어떤 가치가 있는지 생각하고 판단하는 여러분이 되기를 바라요.

이 억울하고 답답한 마음으로 다시 한 번 아리랑을 불러 볼까요? 어때요, 아까보다 더 진심으로 아리랑을 부르게 되지 않나요?

우리 예술과 스포츠 이야기
우리의 판소리를 찾아서

그런데 여러분, 아리랑 말고도 중국이 국가 무형 문화재로 지정한 우리나라의 음악이 또 있어요. 그 이야기도 한번 들어 볼래요?

이번 이야기의 주인공은 판소리예요. 여기서 '판'은 사람들이 모이는 넓은 마당을 뜻해요. 판소리는 노래를 부르는 사람인 소리꾼과 북을 치는 사람인 고수가 등장해 노래, 몸짓, 말로 이야기를 풀어 가는 공연이에요. 한 명의 소리꾼이 긴 이야기를 내용에 따라 느리고 빠르게 들려주는데 그 옆에서 고수가 '얼씨구', '좋다', '으잇', '잘한다', '그렇지' 등 추임새를 내며 흥을 돋우어요. 또 관객들도 공연에 함께 참여할 수 있어 판소리는 사람들에게 큰 인기를 끌었어요.

신재효 고택
신재효는 조선 후기 판소리 작가이자 이론가예요. 판소리를 모아 여섯 마당으로 정리했어요. 전라북도 고창에 가면 신재효가 살았던 옛집이 있어요.

판소리의 역사는 조선 시대로 거슬러 올라가요. 어떤 사람들은 판소리가 더 오래되었다고 말하기도 하지만, 남아 있는 기록을 보면 판소리는 조선 시대에 내용과 형식을 갖추었다고 봐요. 이때 가장 인기 있던 판소리는 열두 마당으로 되어 있었어요.

김준근 〈기산풍속화첩〉 판소리
조선 후기의 풍속화가 김준근이 그린 그림이에요. 김준근은 직업, 의례, 놀이, 종교, 형벌 등 사람들의 다양한 모습을 그렸어요.

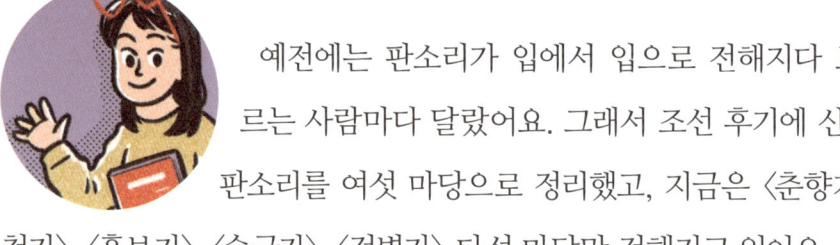
예전에는 판소리가 입에서 입으로 전해지다 보니 부르는 사람마다 달랐어요. 그래서 조선 후기에 신재효가 판소리를 여섯 마당으로 정리했고, 지금은 〈춘향가〉, 〈심청가〉, 〈흥보가〉, 〈수궁가〉, 〈적벽가〉 다섯 마당만 전해지고 있어요.

판소리는 17세기 전부터 있었던 우리 고유의 전통문화예요. 우리 조상들이 살았던 모습을 담고 다양한 감정을 풀어냈다는 점에서 음악 이상의 가치가 있어요. 그래서 더더욱 지켜야 할 소중한 우리 문화예요.

그래서 우리나라는 판소리를 국가 무형 문화재로 지정하고, 판소리를 이어 갈 사람들을 기르고 있어요. 또한 판소리는 유네스코 인류 무형 문화 유산으로 지정되었어요. 이는 판소리가 세계적으로 보호하고 이어져야 할 가치가 있다는 뜻이에요.

그런데도 중국은 판소리가 중국의 소수 민족 문화라고 주장해요. 판소리가 우리나라 음악이라는 기록이 무수히 많고, 세계에서도 한국의 문화로 인정을 받았는데도 불구하고 말이에요. 지금도 중국은 판소리를 잇기 위해 전문학교를 세우고 학생들을 가르치고 있어요.

소리북

또 중국의 한 백과사전은 '판소리는 지린성과 랴오닝성을 중심으로 퍼진 소리 문화이고, 2011년 국가 문화유산에 등재됐다.'고 설명하고 있어요. 게다가 19세기 초에 판소리 악보가 만들어졌고 20세기에 조선족을 중심으로 공연 예술로 만들어졌다는 주장도 함께 펼치고 있지요.

아무리 엉터리 주장이라도 계속되면 자연스레 그 말을 믿는 사람들이 생겨요. 거짓이 더 퍼지기 전에 우리는 사실을 바로잡고 소중한 전통문화를 지켜야 해요. 그러기 위해서는 먼저 우리 문화를 제대로 아는 자세가 필요하겠지요?

판소리
우리나라는 판소리를 국가 무형 문화재로 지정해 계속 이어 나가고 있어요.

우리 예술과 스포츠 이야기
손기정이 아니라 손 기테이?

 선생님은 올림픽 경기를 보며 우리나라 선수들을 응원하는 것을 참 좋아해요. 혹시 여러분도 그래요? 그리고 우리나라 선수가 메달을 땄을 때 함께 기뻐하지요. 하지만 마냥 기뻐할 수 없었던 올림픽 경기가 있어요.

 1936년 독일 베를린에서 올림픽 대회가 열렸어요. 그때 우리나라에는 마라톤을 정말 잘하는 선수가 있었어요. 바로 손기정이었지요. 그래서 올림픽 대회가 열리기 전, 손기정과 남승룡이 우리나라를 대표하는 선수로 뽑혔어요.

 그런데 두 선수는 일본 국적으로 대회에 나갔어요. 가슴에는 일본 국기인 일장기를 달고서요. 왜 그랬을까요? 베를린 올림픽은 우리나라가 일본에 나라를 빼앗겼던 일제 강점기에 열렸기 때문이에요.

 마라톤에서 손기정과 남승룡은 각각 금메달과 동메달을 땄어요. 게다가 손기정은 당시 올림픽 신기록도 세웠지요. 하지만 시상식에서 두 선수는 슬픈 표정을 짓고 있었어요. 손기정은 손에 든 월계수로 가슴에 있는 일장기를 가렸어요. 가장 기뻐해야 할 순간에 슬퍼해야 하다니……. 두 선수는 가슴에 태극기를 얼마나 달고 싶었을까요?

소식이 전해지자 우리나라 신문사인 《조선중앙일보》와 《동아일보》는 손기정의 사진에서 옷에 그려진 일장기를 지워 버렸어요. 이에 분노한 일본은 두 신문을 발행하지 못하게 하고 기사와 관련된 사람들을 잡아 가두었어요. 그리고 손기정도 감시했어요.

안타깝게도 베를린 올림픽 공식 기록에는 손기정이 아닌 일본식 이름인 손 기테이(SON, Kitei)로 등록되어 있어요. 국제 올림픽 위원회(IOC)의 공식 기록에도 손기정은 일본 국적으로 되어 있지요. 올림픽 대회 당시의 국적을 기준으로 하기 때문이에요.

우리나라는 국제 올림픽 위원회에 손기정에 대한 기록을 고쳐 달라고 요청했어요. 비록 이름과 국적은 바뀌지 않았지만, 손기정

손기정이 서명한 사진

손기정은 올림픽 마라톤 경기에 참가해 2시간 29분 19.2초로 당시 세계 신기록을 세웠어요. 사진 오른쪽에는 손기정의 서명(孫基禎)이 있어요.

에 대한 소개 글에는 대한민국 국적으로 나와 있어요. 그리고 일제 강점기라 일본 국적으로 대회에 나갈 수밖에 없었다는 설명도 더해졌지요.

일본은 여전히 도쿄 올림픽 박물관에 손기정을 일본인으로 소개하고 있어요. 더 이상 사람들을 오해하게 해서는 안 되겠지요? 누가 뭐래도 손기정은 대한민국의 자랑스러운 선수니까요.

청동 투구

손기정이 베를린 올림픽 마라톤 경기에서 우승하고 받은 고대 그리스의 청동 투구예요.

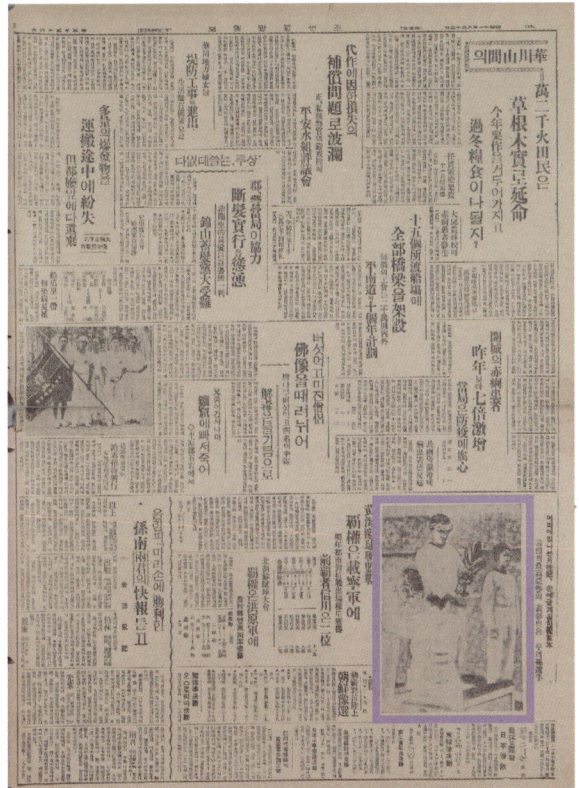

《조선중앙일보》

1936년 8월 13일 날짜 신문이에요. 손기정 옷의 일장기를 지워 버린 일장기 말소 사건이 일어났어요.

더 들려주고 싶은 예술과 스포츠 이야기

　예술과 스포츠는 큰 힘을 가지고 있어요. 특히 전 세계가 빠르게 영향을 주고받는 오늘날에는 예술과 스포츠를 빼놓고 그 나라의 힘을 말할 수 없어요. 다른 나라에 정치나 경제로 자기 나라를 알리는 것보다 음악, 드라마, 영화, 공연, 게임 등으로 알리는 게 훨씬 효과적인 시대가 되었으니까요. 그리고 K-팝, K-드라마, K-스포츠 등 우리의 예술과 스포츠가 대한민국을 알리는 데 큰 역할을 하고 있어요.

　이처럼 예술과 스포츠는 우리나라에서만 즐기는 것이 아니기 때문에 우리의 것을 지키는 일이 더 중요해졌어요. 그래서 우리 고유의 전통을 이어 가기 위해 노력하는 친구들이 있어요. 판소리나 태권도 등을 배우는 학생들부터 우리나라 전통 예술에 대해 연구하고 글을 쓰는 학생까지

다양해요. 최근에는 어린 친구들도 우리의 예술과 스포츠 전통을 잇는 데 함께한다는 반가운 소식도 들었어요.

　그 밖에도 영어로 우리의 전통 예술을 소개하기도 하고, 외국 사이트에서 잘못된 정보를 조사하고 고쳐 달라는 편지를 쓰기도 해요. 정말 멋있지요? 당연히 여러분도 그렇게 할 수 있어요.

우리 역사 이야기
자랑스러운 역사의 시작, 고조선

　우리 역사의 시작은 언제일까요? 5학년 사회 교과서에는 〈삼국유사〉에 근거해 고조선이 우리나라 최초의 국가라고 나와요. 선생님이 들려줄 이야기도 첫 나라 고조선에 대한 이야기랍니다.

　단군 신화에 따르면 옛날 옛적 하늘 나라를 다스리던 환인에게는 아들 환웅이 있었어요. 환웅은 인간 세상에 내려가고 싶어 했지요. 환웅은 바람, 비, 구름을 다스리는 신하와 삼천 명을 이끌고 내려와 인간 세상을 다스렸어요.

　그러던 어느 날 곰과 호랑이가 환웅을 찾아와 사람이 되고 싶다고 했어요. 환웅은 쑥과 마늘을 주며 이것만 먹고 100일 동안 햇빛을 보지 않으면 사람이 될 거라고 했어요. 하지만 호랑이는 버티지 못하고 곧 나가 버렸고, 곰은 잘 버텨 여자로 변해 웅녀가 되었어요.

단군왕검
'단군'은 제사장을, '왕검'은 지배자를 뜻해요. 그래서 단군왕검은 이름이 아니라 제사와 정치를 함께했던 최고 지배자를 부르는 말이에요.

탁자식 고인돌

웅녀는 환웅과 결혼해 아들을 낳았어요. 그 아들이 바로 고조선을 세운 단군왕검이라고 해요.

기원전 2333년에 단군왕검이 세운 고조선은 우리나라 최초의 국가예요. 한반도와 만주 지방에 걸쳐 있었지요. 고조선은 청동기 문화를 바탕으로 세워졌어요. 그래서 고조선을 대표하는 청동기 유물로는 비파형 동검, 미송리식 토기, 탁자식 고인돌 등이 있어요.

강화 참성단

인천 강화도 마니산에 있는 제단이에요. 단군왕검이 하늘에 제사를 지낸 곳으로 알려져 있어요.

그런데 중국은 고조선이 중국의 역사라고 말해요. 단군 이야기는 그저 신화일 뿐이라면서요. 하지만 이 말은 절대 사실이 아니에요. 고조선은 실제로 있었던 우리나라 역사랍니다.

고조선이 중국 역사가 아닌 이유 중 하나는 만리장성이에요. 중국을 처음으로 통일한 진나라의 시황제는 다른 민족의 침입을 막기 위해 만리장성을 쌓았어요. 이때 고조선을 진나라의 영토로 보지 않고 만리장성을 쌓았어요. 그러니까 만리장성이 고조선과 진나라의 국경선인 거지요.

또 다른 이유는 고조선의 대표 유물인 비파형 동검이에요. 비파형 동검은 중국식 동검과 생김새가 달라요. 비파형 동검은 옛날 악기인 비파처럼 생겼고 중간 부분이 불룩해요. 그리고 칼날과 손잡이를 따로 만들어 조립했어요. 그런데 중국식 동검은 날이 곧고 칼날과 손잡이를 함께 만들었어요. 이런 점들이 고조선이 중국의 역사가 아니라는 사실을 증명해요.

우리는 한국사를 배울 때 가장 먼저 고조선을 배워요. 우리 민족 최초의 국가라는 점에서 고조선은 매우 중요하니까요. 그래서 고조선을 부정하는 것은 우리 역사의 시작을 부정하는 것이에요. 소중한 우리 역사, 제대로 알아야 제대로 지킬 수 있어요.

• 비파형 동검

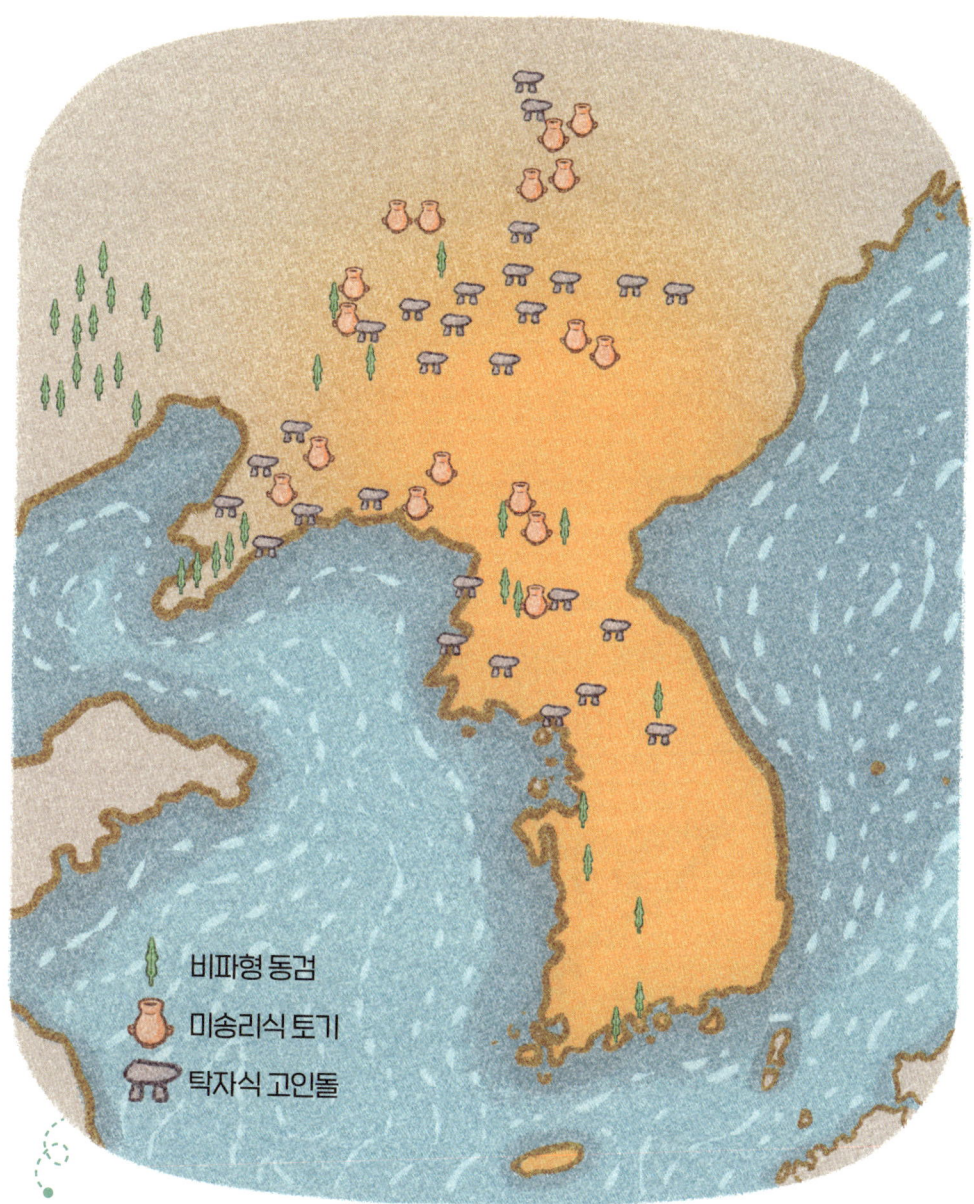

고조선의 문화 범위

옛 고조선 지역에서는 청동기 유물들이 많이 발견되었어요. 그래서 비파형 동검, 미송리식 토기, 탁자식 고인돌이 나온 지역을 고조선의 문화 범위로 보고 있어요.

우리 역사 이야기
주몽의 고구려, 대조영의 발해

　지금부터 선생님이 한반도 북부와 만주에 걸쳐 있었던 강한 나라 이야기를 해 줄게요.

　먼저 고구려는 기원전 37년 주몽이 압록강 유역의 졸본 지역에 세운 나라예요. 신화에 따르면 주몽은 알에서 태어났고, 어릴 때부터 활을 잘 쏘았다고 해요. 고구려는 이후 광개토 대왕과 장수왕 때 크게 번성해 고구려, 백제, 신라 중 가장 힘이 셌어요.

그리고 발해는 고구려 사람인 대조영이 698년에 고구려 유민들과 말갈족을 모아 만주 지방에 세운 나라예요. 이후 발해는 고구려의 옛 땅을 대부분 차지했어요. 그리고 바다 동쪽에 있는 번성한 나라라는 뜻의 '해동성국'이라 불릴 정도로 크게 발전했어요.

발해는 고구려와 비슷한 점이 많아요. 대조영은 자신을 고구려 성씨를 따라 '고왕'이라고 불렀고, 발해 왕이 일본에 보낸 외교 문서에도 스스로를 고구려 국왕이라고 했어요. 또 발해와 고구려의 유물이 비슷한 것 등을 보면 발해가 고구려의 뜻과 문화를 이어받은 나라임을 알 수 있어요.

이제 고구려와 발해가 자랑스러운 우리 역사임을 확실히 알겠지요? 그런데 여러분이 꼭 알아 두어야 할 것이 있어요. 중국은 오래전부터 동북 3성인 헤이룽장성, 지린성, 랴오닝성의 역사를 연구해 왔어요. 이 연구를 '동북 공정'이라고 해요. 중국이 자기 나라 역사를 연구하는 데 왜 문제냐고요? 그건 바로 이 연구가 지금의 중국 땅에서 일어난 모든 역사를 중국의 역사로 만들기 위한 연구이기 때문이에요. 그래서 이 지역에 있었던 고구려와 발해를 중국 역사라고 주장하는 거랍니다.

물론 우리나라만 이런 문제를 겪는 건 아니에요. 중국 서북쪽에 있는 위구르족의 역사를 중국 역사로 만드는 서북 공정과, 티베트를 중국 역사로 만드는 서남 공정도 일어나고 있어요.

장군총
중국 지린성에 있는 고구려의 무덤이에요. 광개토 대왕이나 장수왕의 무덤이라고 추측하고 있어요.

자, 그러면 동북 공정이 얼마나 잘못된 것인지 하나씩 따져 보아요.

중국은 고구려가 중국 땅에 세워졌고, 중국의 지방 정권 중 하나라고 주장해요. 하지만 이건 엉터리 주장이에요. 주몽이 어디에 고구려를 세웠다고 했지요? 맞아요, 졸본이에요. 졸본은 고구려의 옛 땅이지, 중국의 땅이 아니에요.

또 중국의 옛 기록에는 '고구려가 해동 삼국(동쪽에 있는 세 나라) 중 하나'라는 말이 나와요. 이 말은 중국이 고구려를 자기 나라의 지방 정권이 아니라 다른 나라로 보았다는 뜻이에요.

이번에는 발해에 대해 따져 볼까요? 중국은 발해 사람들 대부분이 말갈족이었다는 이유로 발해를 중국의 역사라고 주장해요. 말갈족이 발해에 살았던 것은 맞아요. 하지만 발해를 다스리고 지배하는 사람들은 고구려 사람들이었어요. 발해를 세운 대조영이 원래 어느 나라 사람이었다고 했지요? 그래요, 고구려예요. 중국의 역사책인 〈구당서〉에도 대조영이 고구려 사람이라고 나와요.

이처럼 고구려와 발해는 엄연한 우리 역사예요. 그러니 우리는 중국의 동북 공정이 어떻게 진행되는지 계속 지켜봐야 해요. 중국의 뜻대로 되면 정말 큰일이니까요.

고구려의 연꽃무늬 수막새(위)와 발해의 연꽃무늬 수막새(아래)

우리 역사 이야기
일본에 강제로 끌려간 조선 사람들

"지금부터 너희 집은 내 것이다!"

이게 무슨 풍딴지같은 소리냐고요? 만약 어느 날 누군가 여러분에게 이런 말을 하며 여러분의 집을 빼앗는다면 어떤 기분이 들까요? 무척이나 당황스럽고 무서울 거예요. 그런데 이것은 우리나라에서 실제로 있었던 일이에요. 하루아침에 일본에 나라를 빼앗겼거든요. 우리나라는 1910년부터 1945년까지 35년 동안 일본에 나라를 빼앗긴 일제 강점기를 겪었어요.

• 조선 총독부
일본이 우리나라를 지배하기 위해 설치했던 기관이에요.

일본은 우리나라를 마음대로 다스리기 위해 조선 총독부를 설치하고 우리 민족을 탄압했어요. 총칼을 든 헌병 경찰들이 독립운동가들을 붙잡아 가고, 사람들을 감시하며 겁을 주었어요. 학교에서도 제복을 입고 칼을 찬 선생님들이 학생들을 공포에 떨게 만들었지요. 또 조선의 궁궐을 망가뜨리고, 땅을 빼앗는 등 우리 민족에게 큰 고통을 주었어요.

일본은 중국에서 전쟁을 일으킨 뒤 우리나라 사람들을 강제로 끌고 가 일을 시켰어요. 사람들은 이유도 모른 채 끌려가 광산, 공장, 공사장 등에서 힘들게 일했어요. 그 옆에는 일본인 감독이 붙어 몽둥이를 휘두르고 욕설을 퍼부었지요. 사람들은 밥도 제대로 못 먹고, 잠도 제대로 잘 수 없었어요.

"퍽퍽!"

"아이고, 나 죽네."

그곳에서 조선 사람들은 말 그대로 노예 같은 생활을 했어요. 무기 공장에서 무기를 만들고, 전쟁터에서 길을 만들고, 비행장을 만드는 등 혹독한 강제 노동을 했어요. 힘든 일을 하고 나서 받는 것은 고작 콩에서 기름을 짜내고 남은 찌꺼기 한 덩이가 전부였어요. 일본인 감독은 그런 사람들을 마구 때렸고, 이때 목숨을 잃은 사람이 많았다고 해요.

이뿐만이 아니에요. 일본은 조선 학생들과 청년들을 전쟁터로 끌고 가 전쟁 군인으로 싸우게 했어요. 그리고 여성들을 일본군 '위안부'로 데려가 큰 고통을 겪게 했어요.

혹시 군함도에 대해 들어 본 적 있나요? 일본 나가사키현에서 조금 떨어진 곳에 군함처럼 생긴 군함도가 있어요. 이 섬에는 우리 민족의 아픔과 슬픔이 묻혀 있어요.

예전 군함도에는 석탄을 캐는 탄광이 있었어요. 그러면 지하로 내려가 석탄을 캤던 사람은 누구였을까요? 바로 우리나라 사람들이었어요. 1943년부터 1945년 사이 약 800명의 조선 사람들이 군함도에서 강제 노동을 했다고 해요.

사람들은 좁은 곳에서 허리도 펴지 못하고 한여름보다 더 뜨거운 곳에서 12시간 넘게 일했어요. 그중에서 100여 명이 질병이나 영양실조로 목숨을 잃었어요. 바다에 빠져 세상을 떠난 사람도 있었지요. 얼마나 힘들고 고통스러웠을까요? 그래서 군함도는 '지옥섬' 또는 '감옥섬'으로 불렸어요. 전쟁이 끝나고 일본은 군함도에서 강제 노동을 시켰던 기록을 모두 없애 버렸어요.

그런데 2015년 일본은 군함도가 일본의 근대화의 상징이라며 군함도를 유네스코 세계 문화유산으로 등재하려고 했어요. 우리 민족이 강제 노동을 당했던 곳을요. 우리나라는 이에 강하게 반대했어요. 결국 유네스코는 강제 노동의 역사를 제대로 알리라는 조건으로 군함도를 세계 문화유산으로 지정했어요.

하지만 일본은 아직도 약속을 지키지 않고 있어요. '조선인도 일본 국민이었다.'며 말도 안 되는 주장을 하고 있지요. 게다가 조선 사람들이 돈을 벌기 위해 스스로 일본에 온 거라며 거짓말을 하고 있어요.

"다시는 우리 후손들에게 이런 일이 있어서는 안 된다. 오직 눈물로써 우리 후손들에게 바라는 것은 역사를 올바르게 잡아 달라는 것이다."

군함도에 갔던 분이 하신 말이에요. 지난날의 잘못을 인정하지 않고 거짓말로 진실을 감추려는 일본의 태도는 잘못되었어요. 그러므로 우리에게는 진실을 알리고 역사를 바로잡아야 할 의무가 있어요.

폐허가 된 군함도

하시마섬 또는 군함도라고 불려요. 이곳에서 수많은 조선인들이 강제 노동을 했어요. 전쟁이 끝나고 석탄 사용이 줄어들면서 군함도는 사람이 살지 않는 섬이 되었어요.

우리 역사 이야기
〈요코 이야기〉의 진실

선생님이 일본 사람이 쓴 책 이야기를 하려고 해요. '갑자기 웬 일본 사람이 쓴 책이지?' 하는 생각이 들 수도 있지만 다 이유가 있답니다. 한번 들어 볼래요?

〈요코 이야기〉는 일본인 소녀 요코와 가족들의 이야기예요. 원래 제목은 '대나무 숲 저 멀리'인데 한국에서는 〈요코 이야기〉로 나왔어요. 이 책을 쓴 사람은 일본계 미국인인 요코 가와시마 왓킨스예요. 맞아요, 작가와 책 주인공의 이름이 같아요. 그 이유는 당시 11세였던 요코가 자신의 경험을 바탕으로 쓴 책이기 때문이에요. 〈요코 이야기〉는 일본이 제2차 세계 대전에서 패배한 후 요코네 가족이 한국을 떠나 일본으로 돌아오기까지 겪은 일이라고 해요.

이 책을 본 우리나라 사람들은 크게 반발했어요. 책에서 한국은 일본에게 피해를 입힌 나라이고, 일본은 일방적으로 피해를 입은 나라로 표현했기 때문이에요. 또 한국 사람들이 일본 사람들을 때리고 성폭행을 했다는 내용도 쓰여 있었어요. 절대 사실이 아닌데도 말이에요.

이 책에는 거짓된 내용이 많아요. 책에는 대나무가 자주 등장하는데 요코가 살았다는 함경북도 나남에는 대나무가 없었어요. 또 미군이 폭탄을 퍼부었다고 했지만 당시 한반도에 미군의 폭격은 없었어요. 인민군도 마찬가지예요. 1945년에는 인민군이 만들어지지 않았어요. 그리고 한국에서 일본 소녀들을 향한 복수와 대규모 성폭행도 없었어요.

그런데 〈요코 이야기〉가 미국 교과서에 실리면서 문제는 더 심각해졌어요. 우리나라와 일본의 역사를 잘 모르는 미국 학생들이 그 책을 보고 '나쁜 한국인, 불쌍한 일본인'이라고 생각할 수 있기 때문이에요. 일제 강점기에 피해를 입은 쪽은 우리나라인데 가해자와 피해자를 반대로 알 수도 있으니까요.

실제로 미국에서 이 책을 읽은 미국 학생이 한국 학생에게 못된 한국인이라며 괴롭히는 일도 있었다고 해요. 그래서 미국에 사는 한국인들은 역사를 왜곡하고 한국인을 나쁘게 표현한 〈요코 이야기〉를 교과서에서 빼라는 운동을 벌이기도 했어요. 그래도 몇몇 주에서는 여전히 이 책을 배우고 있어요.

일본이 한국에 저지른 일은 쏙 빼놓고 한국이 일본에게 어마어마한 피해를 입혔다고 거짓을 말하는 책. 사람들이 〈요코 이야기〉를 읽고 우리나라 역사에 대해 잘못된 인식을 갖게 될까 봐 선생님은 걱정돼요. 어서 빨리 일본의 역사 왜곡을 바로잡아야 해요.

우리 역사 이야기
대한 독립 만세!

여러분, 독립운동가에 대해 알고 있지요? 안중근 의사, 유관순 열사 같은 분들 아니냐고요? 맞아요. 우리나라가 어둡고 힘들었던 시기에 독립을 위해 희생하고 노력한 분들이에요.

그런데 의사와 열사는 어떻게 다를까요? 의사는 나라를 위해 무기를 이용해 싸운 사람이고, 열사는 나라를 위해 맨몸으로 싸운 사람이에요. 대표적인 독립운동가로는 안중근, 유관순, 윤봉길, 이봉창 등이 있어요. 그리고 시를 써서 독립운동을 한 윤동주도 있어요.

윤동주는 우리나라의 대표적인 시인 중 한 명이에요. 그런데 중국의 한 백과사전에는 윤동주의 국적은 중국, 민족은 조선족이라고 나와 있어요. 또 윤동주가 태어난 중국 지린성 옌볜 조선족 자치주 용정 마을에는 '중국 조선족 애국 시인'이라고 새긴 표지석이 세워져 있어요. 윤동주가 중국 사람이라니, 그 이유는 무엇일까요?

그건 윤동주가 지금의 중국 땅인 간도에서 태어났기 때문이에요. 일본의 지배로 살기 힘들어진 사람들은 우리나라를 떠나 만주나 간도로 건너갔어요. 윤동주의 가족도 간도로 갔고 윤동주는 그곳에서 태어났어요.

우리나라에서 태어났다고 모두 우리나라 사람이 아닌 것처럼, 다른 나라에서 태어났다고 해서 우리나라 사람이 아닌 것은 아니에요. 여러분 중에도 다른 나라에서 태어나 어린 시절을 보낸 친구들이 있는걸요.

윤동주를 독립운동가라고 하는 이유는 그가 남긴 시의 내용 때문이에요. 윤동주의 시를 보면 독립을 간절히 바라는 마음을 알 수 있어요. 윤동주는 힘든 상황에서도 희망을 갖고 부끄럼 없이 살기를 바랐어요.

서시

죽는 날까지 하늘을 우러러
한 점 부끄럼이 없기를,
잎새에 이는 바람에도
나는 괴로워했다.
별을 노래하는 마음으로
모든 죽어 가는 것을 사랑해야지
그리고 나한테 주어진 길을
걸어가야겠다.

오늘 밤에도 별이 바람에 스치운다.

「서시」가 실려 있는
〈하늘과 바람과 별과 시〉

중국은 윤동주 말고도 윤봉길과 이봉창도 조선족으로 소개하는 등 역사 왜곡을 하고 있어요. 독립을 위해 애쓴 분들이 중국 사람으로 오해받다니……. 듣기만 해도 너무 속상해요. 우리나라는 계속해 국적은 대한민국, 민족은 한민족으로 수정을 요구하고 있어요. 한 번으로 끝내면 안 돼요. 왜곡을 바로잡을 때까지 계속해서 요구해야 해요. 그 일에 여러분도 함께해 줄 거지요?

윤봉길

상하이 훙커우 공원에서 일본 왕의 생일을 기념하는 행사장에 폭탄을 던졌어요.

이봉창

일본 도쿄에서 일본 왕에게 수류탄을 던졌어요. 비록 실패했지만 세계를 깜짝 놀라게 했어요.

더 들려주고 싶은 우리 역사 이야기

우리나라 역사의 시작인 고조선부터 삼국 시대, 남북국 시대, 일제 강점기까지 선생님의 이야기를 듣고 나니 어떤 기분이 들어요? 중국과 일본이 우리 역사를 왜곡한다니 화나기도 하고 슬프기도 하지요?

우리나라 정부는 역사 왜곡을 바로잡기 위해 많은 노력을 하고 있어요. 소중한 우리 문화유산을 유네스코 세계 문화유산에 등재하기 위해 노력하기도 하고, 동북아 역사재단을 만들어 역사를 연구하고 중국과 일본의 역사 왜곡에 대응하기도 해요.

사람들도 역사 왜곡에 대응하는 데 함께하고 있어요. 사이버 외교 사절단인 반크(VANK)는 역사 왜곡에 적극적으로 맞서는 대표적인 단체랍니다.

'그럼 나는 무엇을 할 수 있을까?' 하는 생각이 든다면 여러분은 역사 왜곡 문제에 더 가까이 다가간 거예요. 선생님이 소개하고 싶은 방법은 어린이 반크(www.prkorea.com)예요. 반크는 역사 왜곡에 관심 있는 어린이들을 사이버 외교 사절단으로 임명하고, 활동하도록 하고 있어요. 관심 있는 친구들은 자세히 알아보세요!

우리 영토 이야기
만리장성이 더 길어졌다고?

세계 최대의 건축물로 꼽히는 성은 무엇일까요? 바로 만리장성이에요. 어마어마하게 길고 거대한 성벽이지요. 만리장성은 진나라의 시황제가 다른 민족의 침입을 막기 위해 만들었어요. 지금의 만리장성은 명나라 때 쌓은 것이 남아 있어요.

그런데 여러분, 만리장성이 더 길어지고 있어요. 성벽이 자라는 것도 아닌데 그게 무슨 말이냐고요?

처음 만리장성을 유네스코 세계 문화유산으로 지정했을 때 만리장성의 길이는 약 6,300km였어요. 그후 중국이 발표한 만리장성의 길이는 약 8,800km로 늘어났어요. 이제는 약 21,000km라고 해요. 처음보다 무려 3.3배나 늘어난 거지요.

만리장성

원래 춘추 전국 시대에 여러 나라들이 외적을 막기 위해 쌓은 성벽을 진나라 시황제가 하나로 연결해 거대한 성벽을 만들었어요.

만리장성이 늘어난 이유는 무엇일까요? 그건 동북 공정과 관련이 있어요. 중국은 고구려와 발해의 역사를 중국의 것으로 만들기 위해 고구려 성인 박작성의 흔적을 없애고 그 자리에 성을 쌓아 만리장성이라고 주장하고 있어요. 심지어 만리장성이 한반도 황해도까지 뻗어 있다고 왜곡하고 있지요.

실제로 중국의 어린 학생들은 고구려와 발해의 역사를 중국의 역사로 배우고 있어요. 더 큰 문제는 중국의 억지 주장을 다른 나라에서 받아들이고 있다는 사실이에요. 미국에서 가장 인기 있는 역사 교재에는 만리장성을 한반도까지 나타낸 지도가 실려 있어요. 중국이 발표한 그대로 말이지요. 중국은 이렇게 왜곡된 역사를 세계에 퍼뜨리고 있어요.

반크의 조사에 따르면 전 세계 교과서의 약 10%만이 만리장성의 범위를 올바르게 표시했다고 해요. 생각보다 훨씬 심각한 상황이지요. 이에 반크는 중국의 역사 왜곡을 비판하는 포스터를 만들어 세계에 알리고 있어요. 또 유네스코와 같은 국제기구에 중국의 역사 왜곡에 대해서도 계속해 알리고 있지요.

전 세계 사람들에게 거짓 역사 대신 올바른 역사를 알려 주기 위해 앞으로도 많은 노력이 필요해요. 우리도 힘을 보태 보면 어때요?

만리장성 역사 왜곡 포스터

반크는 중국의 만리장성 역사 왜곡을 알리기 위해 한국어, 중국어, 영어 포스터를 만들어 SNS에 올리고 있어요.

우리 영토 이야기
독도는 우리 땅!

울릉도 동남쪽 뱃길 따라 87K
외로운 섬 하나 새들의 고향 ♪♪🎵

독도
동도에는 독도 경비대와 등대가, 서도에는 주민 숙소가 있어요.

동도

여러분, '독도는 우리 땅' 노래를 들어 본 적 있지요? 독도는 우리나라 동쪽 끝에 있어요. 동도와 서도 두 개의 큰 섬과 89개의 작은 바위섬으로 이루어져 있지요. 독도는 한반도에서 가장 오래된 화산섬이기도 해요. 주변에는 다양한 바다 생물이 살고 있고, 바다 밑바닥에는 광물 자원이 묻혀 있어요. 또 아름답고 다양한 동식물이 살고 있어 섬 전체가 천연기념물로 지정되어 있답니다.

서도

독도 바닷속
독도 주변 바다는 먹이가 풍부해 다양한 해양 생물이 살고 있어요.

여러분도 알고 있듯 오래전부터 일본은 독도가 일본 땅이라고 주장해 왔어요. 독도에 처음으로 우리나라 사람이 살았고 지금도 독도 경비대원, 관리 사무소 직원 등 약 30명이 독도를 지키고 있는데도 말이에요. 지금부터 독도가 우리 땅인 이유를 하나하나 짚어 볼게요.

독도는 언제부터 우리 땅이었을까요? 삼국 시대의 역사를 쓴 〈삼국사기〉에는 512년 신라의 장군 이사부가 우산국을 정벌했다고 나와요. 여기서 우산국은 지금의 울릉도와 독도를 말해요.

독도이사부길

독도의 행정 구역은 경상북도 울릉군 울릉읍 독도리예요. 그리고 독도 등대처럼 주요 시설물에는 '경북 울릉군 울릉읍 독도이사부길 63'과 같은 도로명 주소가 붙어 있어요.

조선 시대에 쓴 〈세종실록지리지〉와 〈신증동국여지승람〉에도 독도에 대한 기록이 나와요. 특히 조선 시대에 만들어진 옛 지도를 살펴보면 울릉도와 우산도(독도)가 그려져 있어요.

그리고 독도 하면 떠오르는 사람이 있어요. 바로 조선 시대 어부였던 안용복이에요. 안용복은 두 번이나 일본에 건너가 울릉도와 독도가 우리 땅이라고 확인을 받았어요.

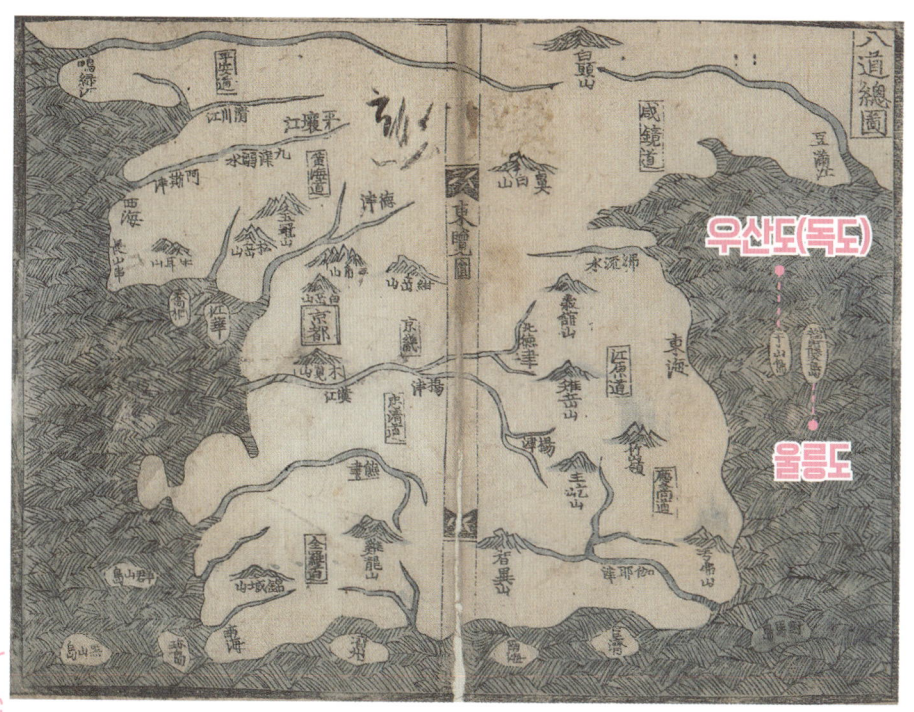

'팔도총도'

조선 시대에 만든 지도로, 울릉도와 독도를 우리나라 땅으로 표시했어요.
우산도(독도)가 울릉도 서쪽에 그려져 있어요.

이후 1900년 대한 제국의 고종은 '대한 제국 칙령 제41호'에 독도를 울릉도의 관할 구역으로 한다고 발표했어요. 독도가 울릉도에 속하는 섬이자 우리나라 땅임을 분명히 한 거지요. 고종은 이 내용을 관보에 실어 널리 알렸어요.

　옛 지도와 기록이 독도가 우리 땅이라고 하는데도 왜 자꾸 일본은 독도를 자기 땅이라고 말하는 걸까요? 도대체 1905년에 어떤 일이 있었는지 살펴봅시다.

　일본 사람들은 독도를 일본 영토로 생각하고 있지 않았어요. 일본이 그린 지도에 독도는 어디에도 없어요. 그러다 1904년 일본이 러시아와 전쟁

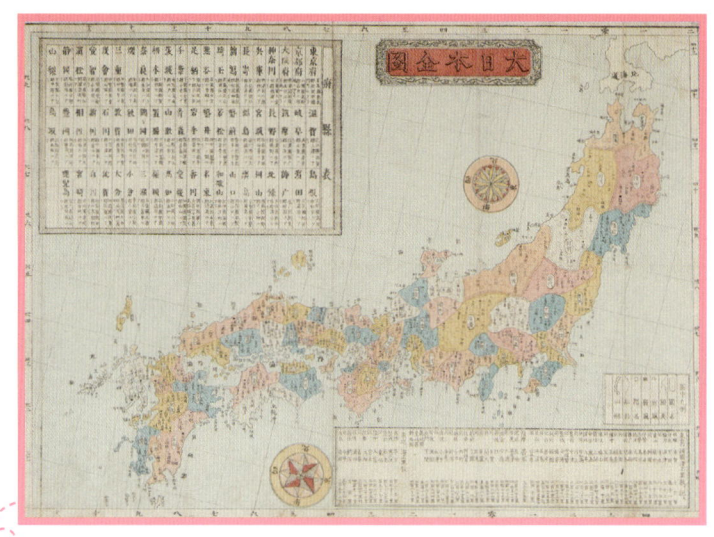

'대일본전도'
1800년대 일본에서 만든 지도로, 독도가 표시되지 않았어요. 일본은 독도를 일본 영토로 생각하지 않았어요.

'시마네현 고시 제40호'

을 할 때 독도가 매우 중요한 곳임을 알아챘어요. 그래서 1905년 '시마네현 고시 제40호'를 발표해 독도를 '다케시마'로 바꾸고 일본 땅에 포함시켜 버렸어요. 사실을 알았을 때는 우리나라가 일본에 외교권을 빼앗겨 항의할 수 없었지요.

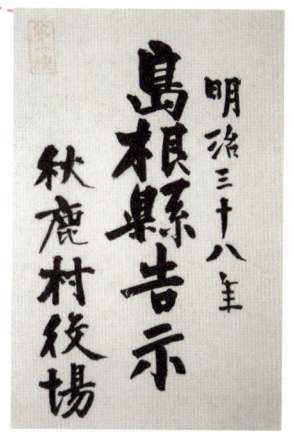

하지만 '시마네현 고시 제40호'는 불법이에요. 그리고 '시마네현 고시 제40호'를 발표하기 5년 전에 우리가 먼저 '대한 제국 칙령 제41호'를 발표했어요. 그런데도 일본은 계속해 독도를 빼앗으려고 하고 있어요. 게다가 2월 22일을 다케시마의 날로 정하기까지 했지요.

여러분은 독도의 날이 언제인지 알고 있나요? 우리나라는 '대한 제국 칙령 제41호'를 발표한 10월 25일을 독도의 날로 정했어요. 빼앗기지 않으려면 빼앗으려는 쪽만큼, 아니 그보다 더 노력해야 해요. 독도의 날을 기억하며, 독도가 우리나라 영토라는 사실을 알리는 방법을 생각해 보세요.

바다사자

독도에는 강치라고 하는 바다사자가 살았어요. 일본은 독도를 불법으로 일본 영토에 포함시키고, 강치를 마구 잡았어요. 결국 독도의 강치는 사라졌어요.

우리 영토 이야기
동해라고 불러 주세요

자, 선생님이 퀴즈를 낼게요. 잘 듣고 맞혀 보세요.

첫 번째, 바다도 육지처럼 주인이 있을까요? 정답은 '그렇다'입니다. 바다에도 물론 주인이 있어요. 한 나라의 땅으로부터 일정 거리에 있는 바다를 그 나라의 영역으로 한다는 규칙이 있거든요.

두 번째, 한반도 동쪽 바다는 우리나라 바다일까요? 아니면 일본 바다일까요? 정답은 '우리나라 바다'입니다. 동해는 한반도와 일본 사이에 있는 바다 중 우리나라에 속한 영역을 부르는 이름이에요.

동해

세 번째, 동해는 우리나라에서 부르는 이름이니까 다른 나라에서 다른 이름으로 불러도 상관없을까요? 정답은 '아니다'입니다. 바다 이름은 우리나라뿐만 아니라 세계에서 사용하기 때문에 중요해요.

그런데 세계 지도나 사전 등에서 동해를 일본해로 나타낸 경우가 많이 있어요. 심지어 국제 연합(UN)이 운영하는 지리 정보 사이트(www.un.org/geospatial)에 동해가 일본해로 쓰여 있어 문제가 되었어요. 우리나라가 국제 연합에 가입하기 전, 우리보다 먼저 가입했던 일본의 말만 듣고 지도를 완성했기 때문이에요.

전 세계적으로 인정받는 지도에 이런 오류가 있다는 것은 매우 심각한 문제랍니다. 일본이 전 세계에 동해와 독도를 일본의 것이라고 주장하는 근거가 될 수 있기 때문이에요. 두 곳이 일본해와 다케시마로 불리면 절대 안 되겠지요?

국제 연합이 운영하는 사이트
지도에 동해 대신 일본해(Sea of Japan)로 표시되어 있어요.

오래전 만들어진 세계 지도를 보면 동해는 조선해, 한국해, 동양해 등 다양한 이름으로 쓰였어요. 그중 가장 많이 쓰인 이름은 한국해였어요. 반면 일본해는 거의 쓰이지 않았지요. 하지만 일제 강점기에 일본은 동해를 일본해로 바꾸고 국제 수로 기구(IHO)에 등록하면서, 그때부터 일본해가 널리 쓰이게 되었어요.

한국해 표시 지도

1720년대 영국의 허만 몰이 만든 지도예요. 우리나라 이름은 Corea로, 동해는 한국해(Sea of Corea)로 표시되어 있어요.

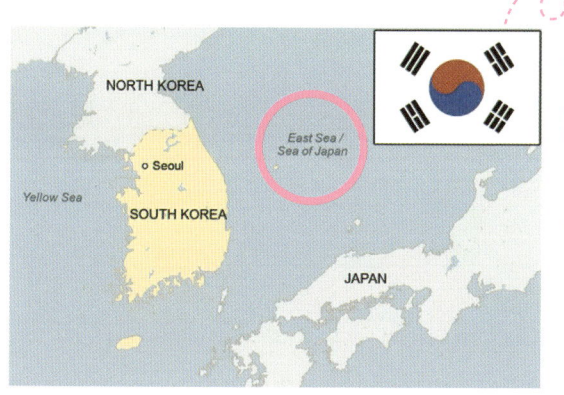

동해와 일본해를 모두 표시한 BBC 지도

영국 방송사인 BBC가 운영하는 사이트예요. 처음에는 동해가 일본해로 나와 있었지만, 반크의 노력으로 지금은 동해와 일본해가 모두 표시되어 있어요.

 우리나라는 동해, 일본은 일본해로 부르겠다는 입장이 바뀌지 않으면 국제 규칙을 따라야 해요. 유엔지명표준화회의(UNCSGN)는 '두 나라가 한 지역에 대해 서로 다른 이름을 사용하여 싸움이 생기면, 서로 다른 이름을 모두 사용해야 한다.'고 발표했어요. 그러니까 지도에 동해(East Sea)와 일본해(Sea of Japan)를 모두 써야 해요.

 이에 우리나라는 동해와 일본해를 모두 쓰기를 요구하고 있어요. 하지만 일본은 받아들이지 않고 오로지 일본해만 쓰기를 주장하고 있어요. 우리나라 정부와 반크는 세계 지도에 동해와 일본해를 함께 쓰기 위해 노력하고 있어요. 실제로 두 개의 이름이 모두 적힌 세계 지도가 점점 늘고 있고요. 이런 노력이 계속되면 언젠가 모든 세계 지도에서 동해로 바뀌는 날도 오겠지요?

우리 영토 이야기
기억해야 할 땅, 간도

우리가 지켜야 할 땅이 독도라면 우리가 빼앗긴 땅은 간도예요. 간도는 백두산 북쪽의 지역이에요. 고조선, 고구려, 발해의 옛 땅이었고 조선 시대에도 우리나라 사람들이 많이 살았던 곳이에요. 특히 두만강 북쪽 지역을 '북간도'라고 하는데, 이곳에 우리 민족이 많이 모여 살았어요.

간도가 우리 땅이라는 것은 백두산정계비에도 잘 나와 있어요. 1712년 조선과 청나라는 백두산정계비를 세워 국경을 정했어요. 비석에는 '서위압록 동위토문'이라는 글씨가 새겨져 있지요.

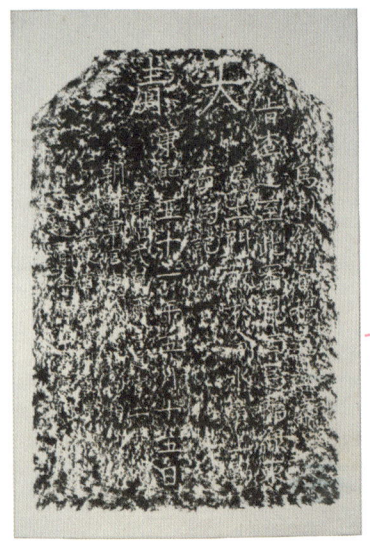

서쪽으로는 압록, 동쪽으로는 토문(土門)을 경계로 한다.

여기서 토문은 백두산에서 북쪽으로 흐르는 쑹화강의 한 줄기를 말해요.

백두산정계비 탑본
조선 숙종 때 국경을 분명히 하기 위해 세운 비석이에요.

조선 사람들은 간도로 건너가 농사를 지으며 살았어요. 그런데 시간이 흐르면서 간도로 건너가는 우리 민족이 점점 늘어났어요. 그러자 간도를 두고 조선과 청나라는 다투기 시작했어요. 청나라는 백두산정계비의 토문을 두만강이라며 말을 바꾸었어요. 토문이 두만강을 뜻하면 북간도는 청나라의 땅이 되기 때문이지요. 하지만 토문은 쑹화강이 맞아요. 이후 대한 제국도 간도에 관리를 보내는 등 간도의 국민들을 지키려고 했어요.

하지만 1909년 청나라와 일본이 간도 협약을 맺으면서 상황이 나빠졌어요. 그때 일본은 우리의 외교권을 빼앗은 상태에서 제멋대로 간도를 청나라에 넘겨 버렸어요. 일본은 그 대가로 만주에 철도를 건설하는 권리와 탄광을 개발하는 권리를 얻었지요. 그렇게 우리는 일본 때문에 간도를 빼앗기고 말았어요.

간도 표시 지도

프랑스에서 만든 아시아 지도예요. 압록강과 두만강 북쪽 지역인 간도가 조선의 영토로 표시되어 있어요.

● 옌볜 조선족 자치주의 한글 간판

　한순간에 간도는 청나라 땅이 되었고, 간도에 살고 있던 우리 민족은 중국의 소수 민족인 조선족이 되고 말았어요. 간도 협약은 일본이 마음대로 맺었기 때문에 무효예요. 하지만 일제 강점기가 되면서 이 문제는 조용히 넘어갔어요.

　지금도 북간도에는 우리 민족이 모여 옌볜 조선족 자치주를 이루고 살고 있어요. 그래서 옌볜에 가면 한글을 자주 볼 수 있어요.

　중국은 훗날 우리나라가 통일이 되면 빼앗긴 간도를 돌려 달라고 할까 봐 걱정하고 있어요. 간도 협약이 무효이기 때문에, 간도를 두고 다시 다투게 될 수도 있거든요. 그래서 중국은 우리나라 역사와 땅을 중국의 것이라 주장하며 역사를 왜곡하는 거예요. 혹시라도 나중에 생길 다툼에 대비하는 거지요.

기억되지 않는 역사는 되풀이된다.

우리가 간도를 기억해야 하는 이유가 바로 여기 있어요. 기억하지 않으면 아픈 역사를 되풀이할 수도 있어요. 여러분이 이 말을 마음에 새기고, 아픈 역사를 꼭 기억해 주길 바라요.

백두산

우리나라에서 가장 높은 산으로 높이가 2,744m예요. 백두산은 우리 민족에게 중요한 산이에요. 그런데 중국은 백두산을 '창바이산'이라는 이름으로 세계에 알렸고, 창바이산은 유네스코 세계 지질 공원으로 등재되었어요. 세계에 창바이산으로만 기억되지 않도록 백두산 이름을 널리 알려야 해요.

더 들려주고 싶은 우리 영토 이야기

선생님이 준비한 이야기는 모두 끝났어요. 만리장성, 독도, 동해, 간도에 대해 처음 들었을 때 낯설었을 거예요. 그런데 지금은 어때요? 이야기를 끝까지 들은 여러분은 다음에 비슷한 이야기를 들어도 절대 낯설지 않을 거예요.

그럼 이제 여러분이 해야 할 일은 무엇일까요? 선생님의 이야기를 듣기 전의 여러분처럼 우리 영토에 대해 잘 모르는 친구들에게 영토 이야기를 들려주는 일이에요.

우리나라 정부와 여러 민간단체는 우리나라 영토를 지키기 위해 캠페인을 벌이고 있어요. 국제적인 광고를 하고, 영상을 만들고, 포스터나 팸플릿을 나누어 주는 등 다양한 일을 하지요. 또 올바른 역사 정보를 알려 주는 인터넷 사이트를 운영하기도 해요.

　　여러분, 우리도 작은 캠페인을 시작해 보면 어떨까요? 캐릭터를 만들고, 포스터를 그리거나 동영상을 만들어 올리는 것도 캠페인이 될 수 있답니다. 우리 영토를 지키는 일이라니 너무 멋진걸요!

끝맺는 이야기

책을 읽고 나서 씩씩대는 여러분의 표정이 눈앞에 보이는 것 같아요. 어떻게 알았냐고요? 선생님도 그랬거든요. 너무 화가 나고 답답한 마음이었어요. 하지만 선생님이 처음에 말했듯 화만 낸다고 달라지는 것은 없어요. 문제를 해결하려면 제대로 알고 그다음 행동으로 옮겨야 해요.

'아는 만큼 보인다.'는 말이 있지요? 우리 역사와 문화에 대해 제대로 알게 된 여러분은 앞으로 바로잡아야 할 것들이 보이기 시작할 거예요. 그다음은 행동하고 실천할 차례예요. 역사 왜곡과 문화 왜곡으로 잘

못된 주장이 우리의 것을 위협할 때, 올바른 정보를 알리는 일에 여러분이 앞장서야 해요. 각자의 위치에서 책임감을 갖고 말이에요.

  선생님은 왜곡 문제를 해결하기 위해 책을 쓰기로 마음먹었어요. 더 많은 사람들 특히 여러분 같은 학생들에게 역사를 제대로 알려 주는 일이 선생님이 할 수 있는 일이라고 생각했기 때문이에요. 그래서 힘을 모아 이 책을 썼답니다. 우리의 것을 지키기 위해서는 바르게 알고 미리 준비해야 하니까요.

　여러분도 지금부터 할 수 있는 일이 무엇인지 고민해 보면 좋겠어요. 할 수 있는 일을 찾는 것부터 차근차근 시작해 봅시다. 별것 아닌 것 같다고 망설이지 말아요. 작은 노력들이 모여 큰 성과를 이루어 내기 마련이에요.

　우선 책에서 선생님이 소개한 방법들을 하나씩 살펴보세요. 여러분이 할 수 있는 일을 더 쓰고 다짐도 써 보세요. 그리고 '이건 나도 할 수 있겠는데?' 하는 것이 있다면 행동으로 옮겨 보세요. 선생님은 어떤 것이든 실천하는 여러분을 응원해요.

내가 할 수 있는 일

언제	방법	확인
	우리 역사에 관심 가지기	♡
	역사 왜곡 홍보 포스터 그리기	♡
	올바른 역사를 알리는 동영상 만들기	♡
		♡
		♡
		♡

나의 다짐

사진 제공

38쪽 한복 저고리와 치마_국립민속박물관
40쪽 2022 베이징 동계 올림픽 개막식
   _셔터스톡
45쪽 한복을 입고 공연하는 모습_셔터스톡
49쪽 태권도_셔터스톡
50쪽 전 신윤복 <대쾌도>_국립중앙박물관
52쪽 올림픽 대회 태권도 경기 모습_셔터스톡
53쪽 태권도 공연_셔터스톡
58쪽 신재효 고택_한국민족문화대백과사전
59쪽 김준근 <기산풍속화첩> 판소리
   _국립중앙박물관
60쪽 소리북_국립한글박물관
61쪽 판소리_셔터스톡
64쪽 손기정이 서명한 사진
   _대한민국역사박물관
65쪽 청동 투구_국립중앙박물관
65쪽 《조선중앙일보》_6·25전쟁납북자기념관
67쪽 부채춤_셔터스톡
70쪽 단군왕검_셔터스톡
71쪽 탁자식 고인돌_셔터스톡
71쪽 강화 참성단_셔터스톡
72쪽 비파형 동검_국립중앙박물관
76쪽 장군총_셔터스톡

16쪽 배추김치_셔터스톡
20쪽 파오차이_셔터스톡
20쪽 배추 절이기_셔터스톡
21쪽 김칫독_셔터스톡
21쪽 절인 배추 사이에 소 넣기_셔터스톡
22쪽 상추쌈_셔터스톡
27쪽 삼계탕_셔터스톡
31쪽 김장_셔터스톡
34쪽 갓_국립민속박물관
36쪽 관촉사 석조 미륵보살 입상_셔터스톡
37쪽 김홍도 <씨름>_국립중앙박물관

78쪽 고구려의 연꽃무늬 수막새
_국립중앙박물관
78쪽 발해의 연꽃무늬 수막새_국립중앙박물관
80쪽 조선 총독부_부산광역시립박물관
85쪽 군함도_셔터스톡
85쪽 폐허가 된 군함도_셔터스톡
92쪽 「서시」가 실려 있는 <하늘과 바람과 별과 시>
_국립한글박물관
93쪽 윤봉길_부산광역시립박물관
93쪽 이봉창_부산광역시립박물관
95쪽 반크 사이트_반크(www.prkorea.com)
98쪽 만리장성_셔터스톡
101쪽 만리장성 역사 왜곡 포스터
_반크(www.prkorea.com)
102쪽 독도_셔터스톡
103쪽 독도 바닷속_셔터스톡
104쪽 독도이사부길_셔터스톡
105쪽 '팔도총도'_영남대학교박물관
106쪽 '대일본전도'_영남대학교박물관
107쪽 '시마네현 고시 제40호'_독도박물관
107쪽 바다사자_셔터스톡
108쪽 동해_셔터스톡
109쪽 국제 연합이 운영하는 사이트
_https://www.un.org/geospatial/
mapsgeo/webservices
110쪽 한국해 표시 지도
_국토지리정보원 지도박물관
111쪽 동해와 일본해를 모두 표시한 BBC 지도
_https://www.bbc.co.uk/news/world-
asia-pacific-15289563
112쪽 백두산정계비 탑본_국립중앙박물관
114쪽 간도 표시 지도_대한민국역사박물관
116쪽 옌볜 조선족 자치주의 한글 간판_셔터스톡
117쪽 백두산_셔터스톡
119쪽 독도 홍보 포스터
_반크(www.prkorea.com)
119쪽 백두산 홍보 포스터
_반크(www.prkorea.com)
122쪽 동아시아 3국_셔터스톡